# كيف أرسم الطيور

دار جامعة حمد بن خليفة للنشر
HAMAD BIN KHALIFA UNIVERSITY PRESS

# النحام

الخطوة ① ② ③ ④

يتميَّز النحام (الفلامينغو) برقبته الطويلة، وريشه الوردي، ووقفته، وقدرته على شُرب الماء الساخن.

① ارسم أشكالًا بيضويةً بسيطة كما هو موضح بالرسم. ثم ارسم خطوطًا منحنيةً تصل بين الأشكال البيضوية. وارسم منحنيات للرجلين والمنقار والريش.

② أضف مزيدًا من التفاصيل لتكوين الجسم الأساسي.

3 أضف الريش، وارسم العين.
ثم امحُ الخطوط غير الضرورية
(المحدَّدة باللون الأحمر).

4 ارسم تفاصيل الريش كما
في الشكل.

# البومة

ريش البومة الداكن يساعدها على الاختباء من أعدائها.
وهي ترى بوضوح في الظلام، لذا تستيقظ طوال الليل.

الخطوة 1 2 3 4

1. ارسم شكلًا بيضويًا كبيرًا للوجه، وتحته شكلًا آخر متقاطعًا معه للجسم.
ثم ارسم مُعيَّنًا صغيرًا داخل الشكل البيضوي العلوي وخطَّين للجذع.
وارسم مُعيَّنًا آخر يلامس الجذع.

2. شكّل الوجه والأجزاء المختلفة من الجسم باستخدام الخطوط المنحنية والدوائر.

3 استخدم الخطوط لتحديد الرجلين والعينين والأنف والمخالب والمنقار والفم. ثم امح الخطوط غير الضرورية (المحدَّدة باللون الأحمر).

4 أضف التفاصيل بتظليل حدقتي العينين وتحديد المنقار والجناحين والريش.

الآن، لوّن ما رسمته بعناية.

# الصقر

الخطوة 1 2 3 4

للصقر بصر ثاقب، ويستطيع تغيير اتجاهه بسرعة فائقة بفضل جناحيه.

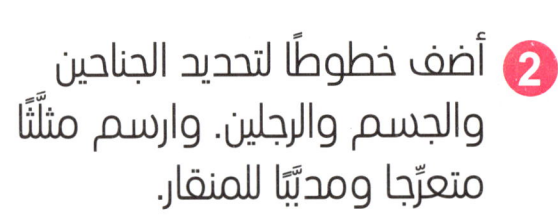

1. ارسم دائرة للوجه، وشكلًا بيضويًا للجسم وخطوطًا منحنيةً للجناحين والذيل.

2. أضف خطوطًا لتحديد الجناحين والجسم والرجلين. وارسم مثلثًا متعرِّجا ومدبَّبًا للمنقار.

**3** ارسم العين داخل رأس الصقر. وارسم بعض المنحنيات بطول جناحيه لإضفاء تقاسيم وتفاصيل أخرى. ثم امحُ الخطوط غير الضرورية (المحدَّدة باللون الأحمر).

**4** أضف التفاصيل الأخرى للجناحين والجسم.

الآن، لوّن ما رسمته بعناية.

# النسر الأصلع

الخطوة ① ② ③ ④

**يتميَّز النسر الأصلع برأسه الأبيض ومنقاره الأصفر وعضلات رجليه القوية ومخالبه الحادَّة.**

① ارسم شكلين بيضويين وخطوطًا متعرِّجةً كما هو موضح هنا.

② ارسم خطوطًا متعرِّجةً تصل بين رأس النسر الأصلع وجسمه. وأضف مزيدًا من الخطوط للرجلين والجناحين والمخالب.

③ باستخدام الأشكال الأولية كدليل، ارسم منقار النسر الأصلع وجناحيه ومخالبه. ثم امحُ الخطوط غير الضرورية (المحدَّدة باللون الأحمر).

④ أضف التفاصيل إلى رأس النسر الأصلع ورقبته بجرّات قلم سريعة وقصيرة لإبراز الريش.

الآن، لوّن ما رسمته بعناية.

# الحمامة

ترمز الحمامة للسلام. تأكل الفاكهة والبذور.
وهي بارعة في السباقات أيضًا. صوتها الهديل.

1. ارسم دائرةً للوجه، وشكلًا بيضويًا للجسم. ثم ارسم خطًّا منحنيًا يصل بينهما وخطوطًا للذيل والرجلين.

2. ارسم خطوطًا ومنحنيات لتخطيط المنقار والجناحين.

3 ارسم العينين وحدِّد المنقار والجناح والمخالب. ثم امحُ الخطوط غير الضرورية (المحدَّدة باللون الأحمر).

4 أضف التفاصيل بتظليل حدقتي العينين وتخطيط الريش.

الآن، لوّن ما رسمته بعناية.

# البجعة

الخطوة 1 2 3 4

**طائر كبير الحجم، يتميَّز بمنقاره الطويل والجيب الواسع تحته، يستخدمه في جمع الطعام وتخزين المياه.**

1 ارسم شكلين بيضويين وخطوطًا متعرِّجة لتخطيط جسم البجعة ورجليها وجناحيها ومنقارها ورقبتها.

2 ارسم مثلَّثًا كبيرًا متعرِّجا للمنقار، وشكِّل الجناحين.

③ ارسم منحنيات بطول قوسي الجناحين لتحديدهما، وارسم المخالب بعناية. ثم امحُ الخطوط غير الضرورية (المحدَّدة باللون الأحمر).

④ أضف التفاصيل بتظليل حدقة العين وتخطيط ريش الجناحين والمخالب.

الآن، لوّن ما رسمته بعناية.

# الطوقان

الخطوة 1 2 3 4

**يتميَّز الطوقان بمنقاره الملوَّن الكبير، الذي يساعده على التقاط الفاكهة من بين الأغصان.**

1 ارسم ثلاثة أشكال بيضوية وخطَّين متعرِّجين.

2 أضف مزيدًا من المنحنيات والخطوط لتخطيط المنقار والجناحين والذيل.

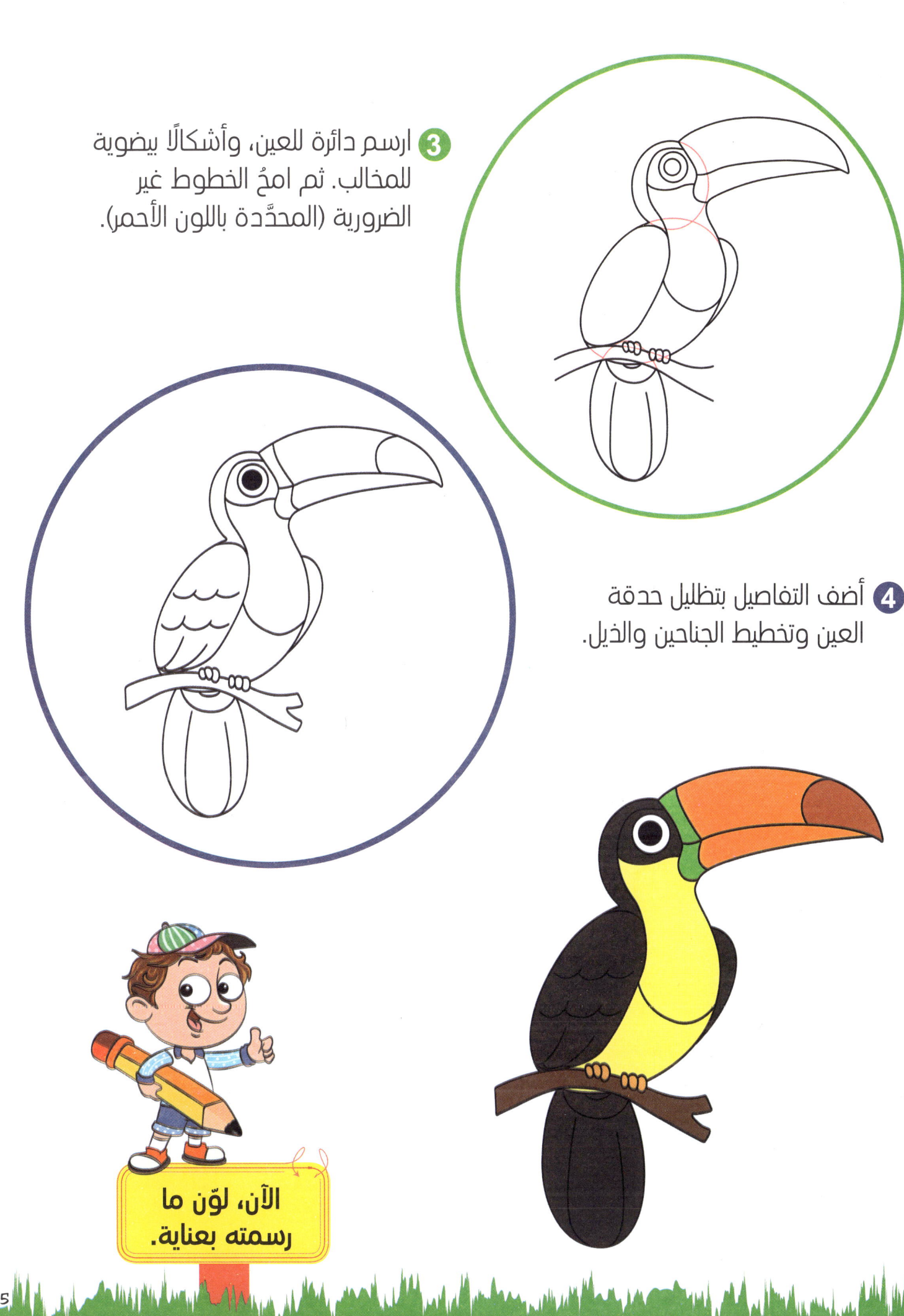

3. ارسم دائرة للعين، وأشكالًا بيضوية للمخالب. ثم امحُ الخطوط غير الضرورية (المحدَّدة باللون الأحمر).

4. أضف التفاصيل بتظليل حدقة العين وتخطيط الجناحين والذيل.

الآن، لوّن ما رسمته بعناية.

# الطاووس

الخطوة 1 2 3 4

يتمتَّع الطاووس بألوان زاهية وريش أخضر وأزرق. وهو أكبر الطيور التي يمكنها الطيران.

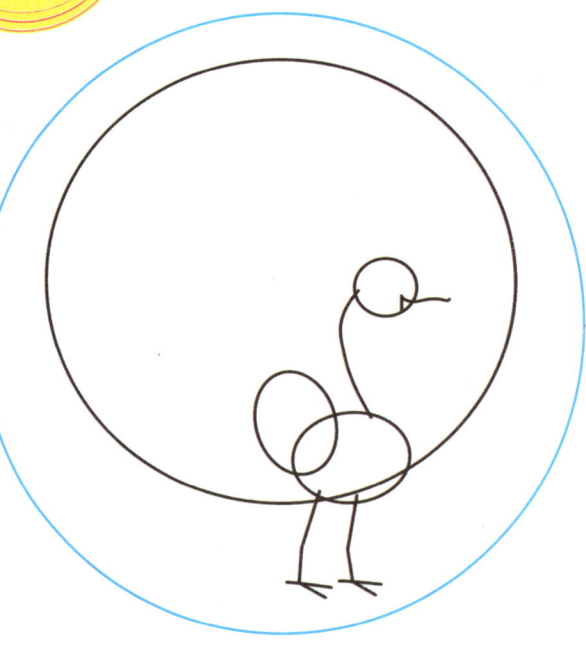

1 ارسم 3 أشكال بيضوية وخطوطًا متعرِّجةً لتشكيل جسم الطاووس. ثم ارسم دائرة كبيرة للريش.

2 أضف خطوطًا لتحديد الرقبة والمنقار والرجلين.

3. خطّط الريش. وارسم أشكالًا بيضويةً متدرِّجة الحجم لتصميم الريش. ارسم دائرة صغيرة للعين. ثم امحُ الخطوط غير الضرورية (المحدَّدة باللون الأحمر).

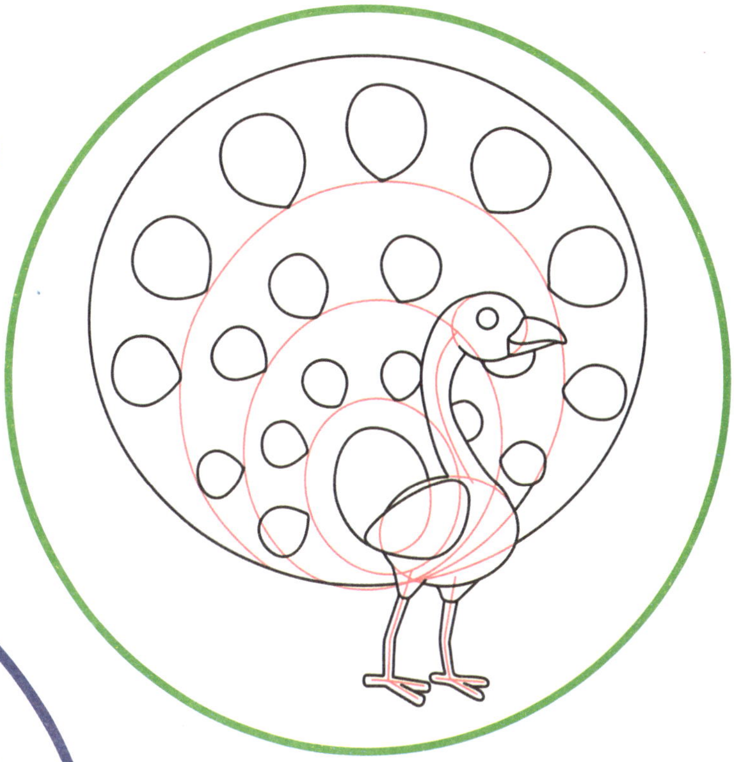

4. ارسم أشكالًا بيضويةً صغيرةً داخل الأشكال البيضوية الكبيرة لاستكمال الريش.

الآن، لوّن ما رسمته بعناية.

# الببغاء

الخطوة 1 2 3 4

**يتميَّز بألوانه الزاهية ومنقاره المقوَّس وطبعًا بقدرته على تقليد الأصوات.**

1 ارسم دوائر وأشكالًا بيضوية وخطوطًا متعرِّجةً لتخطيط الرسم.

2 ارسم جناحي البَبَّغاء باستخدام الخطوط المتعرِّجة. وأكمل الذيل على النحو الموضح.

③ الآن ارسم سلسلة من الخطوط المتعرِّجة على الجناحين لتشكيل الريش. وارسم دائرةً للعين، ثم ارسم المنقار المقوَّس. امحُ الخطوط غير الضرورية (المحدَّدة باللون الأحمر).

④ أضف التفاصيل بتظليل حدقة العين وتحديد الجناحين والمخالب.

الآن، لوِّن ما رسمته بعناية.

# البطريق

الخطوة ① ② ③ ④

البطريق طائر لا يطير، ولكنَّه يسبح! يتناوب الذكر والأنثى على احتضان البيض.

① ارسم دائرةً للوجه، وشكلًا بيضويًّا للجسم كما هو موضح هنا. ثم ارسم مثلَّثين صغيرين لتخطيط الرجلين. وارسم قوسين لتشكيل الجناحين.

② أضف خطوطًا لتحديد الوجه والرقبة والجناحين والجسم. ثمَّ ارسم مثلَّثات للمنقار.

③ ارسم دائرتين للعينين. ثم امحُ الخطوط غير الضرورية (المحدَّدة باللون الأحمر).

④ أضف التفاصيل بتظليل حدقتي العينين وتحديد الوجه والحاجبين والجسم.

الآن، لوّن ما رسمته بعناية.

# البطَّة

تعيش البطة في البرِّ وقرب الماء. أصابعها ملتصقة لتساعدها على السباحة.

① ارسم شكلين بيضويين للوجه والجسم، خطوطًا متعرِّجةً لتخطيط الرقبة والمنقار والذيل والرجلين ومثلَّثين للأصابع.

② أضف خطوطًا لتحديد المنقار والجسم والرقبة والرجلين.

22

3 ارسم الجناح بعناية، وشكّل الرجلين ثم امحُ الخطوط غير الضرورية (المحدَّدة باللون الأحمر).

4 أضف التفاصيل بتظليل حدقة العين وتحديد الرقبة والأصابع.

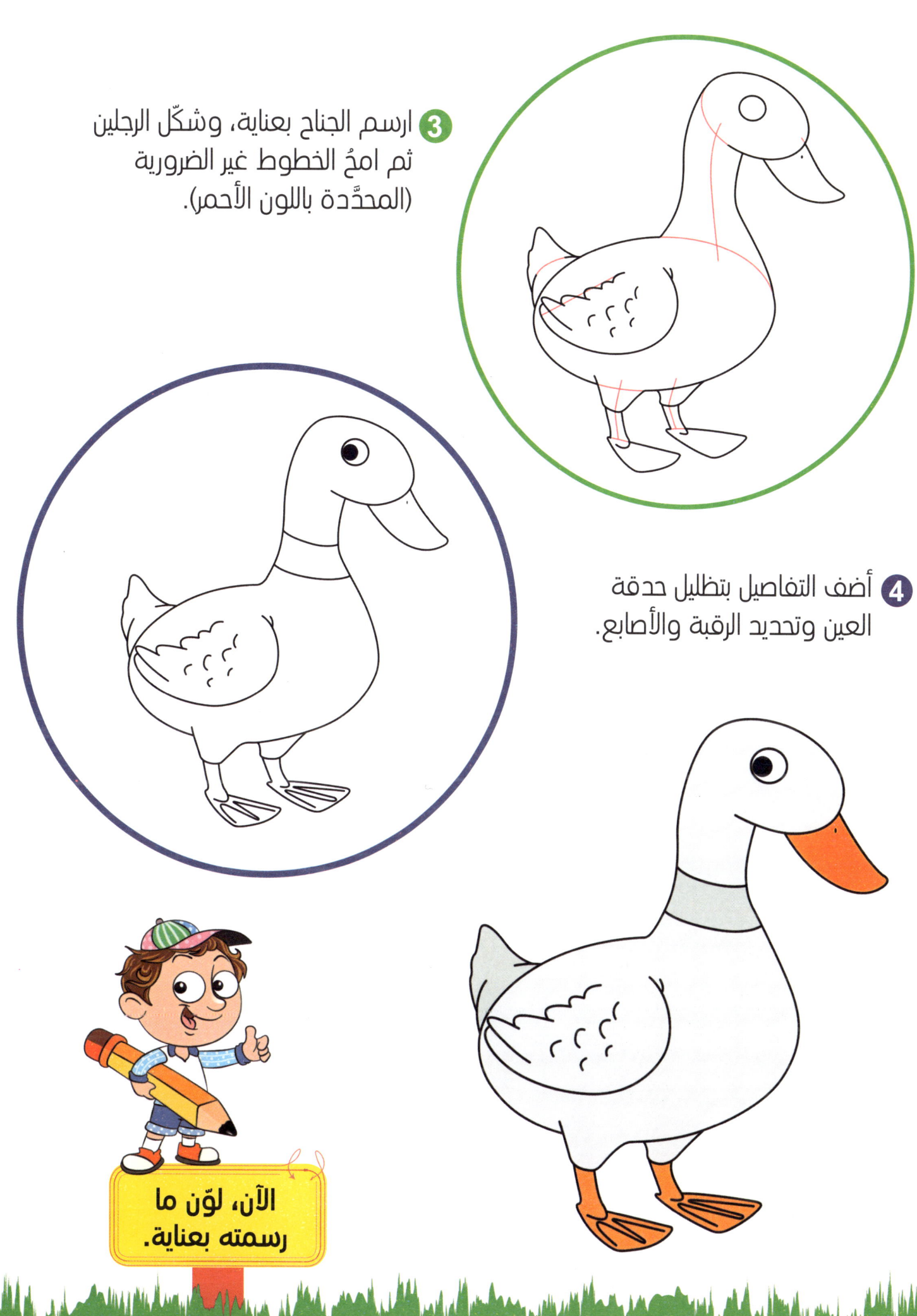

# طيور الحبِّ

الخطوة 1 2 3 4

**تتميَّز طيور الحبِّ بصغر حجمها وريشها المتعدِّد الألوان، وبأنَّها تعيش أزواجًا.**

1 ارسم شكلين بيضويين للوجه والجسم. ثم ارسم مثلثًا ملتصقًا بالشكل البيضوي السفلي لتشكيل الذيل. وارسم خطوطًا لتحديد الرجلين.

2 أضف أقواسًا وخطوطًا لتحديد الوجه والجناح والمخالب. وارسم منقارًا مقوَّسًا.

3 خطِّط العين والجناح. وارسم منحنيات بطول الجناح والذيل لتحديدهما. ثم امحُ الخطوط غير الضرورية (المحدَّدة باللون الأحمر).

4 أضف التفاصيل بتظليل حدقة العين وتحديد الريش والمخالب.

# الديك

الخطوة 1 2 3 4

**الديك هو ذكر الدجاجة، ولكنه يتميَّز عنها بذيله الطويل والمنفوش وعُرفه الأحمر الكبير، كذلك بصياحه الصباحي.**

1 ارسم شكلين بيضويين للوجه والجسم. ثم ارسم خطوطًا للمنقار والرقبة والجناح والذيل والرجلين.

2 أضف خطوطًا أخرى لتحديد الوجه والذيل والعُرف والرجلين.

③ خطّط العين والعُرف. وارسم بعض الأقواس لتشكيل الذيل. واستكمل الجناح. ثم امحُ الخطوط غير الضرورية (المحدَّدة باللون الأحمر).

④ أضف التفاصيل بتظليل حدقة العين وتحديد ملامح الوجه والأصابع.

الآن، لوّن ما رسمته بعناية.

# الطنَّان

الخطوة 1 2 3 4

**الطنَّان هو أحد أصغر الطيور حجمًا؛ وهو يرفرف بسرعة كبيرة للغاية.**

1 ارسم دائرةً للوجه، وشكل كمثرى للجسم. وأضف خطوطًا متعرِّجة للجناحين والمنقار والذيل.

2 أضف خطوطًا لتحديد الجناحين والمنقار.

❸ خطّط العين والمنقار والرجلين. وحدِّد الجناحين والذيل بإضافة منحنيات بطول حافَّتيهما. ثم امحُ الخطوط غير الضرورية (المحدَّدة باللون الأحمر).

❹ أضف التفاصيل بتظليل حدقة العين وتحديد الريش.

الآن، لوّن ما رسمته بعناية.

# أبو زريق

الخطوة ① ② ③ ④

يتميّز بلون ريشه الأزرق، والطوق الأسود حول رقبته. صوته مزعج لكنّه ذكيٌّ ولمَّاح.

① ارسم شكلين بيضويين للوجه والجسم. ثم أضِف خطوطًا متعرّجةً لتخطيط العُرف والذيل. وارسم الرجلين والمخالب كما هو موضح هنا.

② أضف خطوطًا لتحديد الوجه والعُرف والرجلين والمخالب والمنقار.

❸ خطّط العين والعُرف وطوق الرأس والرقبة. وحدِّد الجناح والذيل كما هو موضح هنا. ثم امحُ الخطوط غير الضرورية (المحدَّدة باللون الأحمر).

❹ أكمل الرسم بإضافة الأشكال الموجودة على الذيل.

الآن، لوّن ما رسمته بعناية.

# اختبار حول الطيور

**الخطوة** ① ② ③ ④

1. ما هو الطائر الذي يستطيع تقليد صوت البشر؟
   _____

2. اذكر اسم الطائر الذي ينشط ليلًا.
   _____

3. ما هو الطائر الذي يصدر صوت طنين بجناحيه؟
   _____

4. اذكر اسم الطائر ذي الوجه الأبيض والعُرف الأزرق.
   _____

5. ما اسم ذكر الدجاجِ؟
   _____

6. ما اسم صوت الحمام؟
   _____

7. ما اسم الطائر ذي المنقار الملوَّن؟
   _____

8. اذكر اسم طائر كبير الحجم، يعيش قرب الماء.
   _____

9. اذكر اسم طائر ذي مخالب قوية.
   _____

10. ما هو الطائر الذي يستطيع تغيير اتجاهاته بسهولة؟
    _____

11. اذكر اسم الطائر ذي الريش الوردي والرجلين اللتين تشبهان العصي.
    _____

12. ما هو شكل الريش الذي يمتلكه طائر الحبِّ؟
    _____

13. ما هو الطائر الذي له جيب تحت منقاره؟
    _____

14. اذكر اسم طائر يعيش في البرِّ وقرب الماء.
    _____

15. اذكر اسم طائر يعيش قرب البحر.
    _____